Colores/ Colors

Amarillo/Yellow

Mira el amarillo que te rodea/Seeing Yellow All around Us

por/by Sarah L. Schuette

Asesora literaria/Reading Consultant:
Dra. Elena Bodrova, asesora principal/Senior Consultant,
Mid-continent Research for Education and Learning

Capstone
press

Mankato, Minnesota

A+ Books are published by Capstone Press,
151 Good Counsel Drive, P.O. Box 669, Mankato, Minnesota 56002.
www.capstonepress.com

1 2 3 4 5 6 12 11 10 09 08 07

Library of Congress Cataloging-in-Publication Data
Schuette, Sarah L., 1976–
    [Yellow. Spanish & English]
    Amarillo : Mira el amarillo que te rodea = Yellow : seeing yellow all around us / por Sarah L. Schuette.
    p. cm.—(A+ books. Colores)
    Includes index.
    ISBN-13: 978-1-4296-0011-8 (hardcover : alk. paper)
    ISBN-10: 1-4296-0011-X (hardcover : alk. paper)
    ISBN-13: 978-1-4296-1191-6 (softcover pbk.)
    ISBN-10: 1-4296-1191-X (softcover pbk.)
    1. Yellow—Juvenile literature. I. Title. II. Title: Yellow : seeing yellow all around us. III. Series.
QC495.5.S368518 2008
535.6—dc22   2006100221

6-18-08 OCLC j535.6 SCH

Summary: Text and photographs describe common things that are yellow, including mustard, pencils,
    and lemonade—in both English and Spanish.

Interactive ISBN-13: 978-0-7368-7923-1
Interactive ISBN-10: 0-7368-7923-4

Created by the A+ Team
*Sarah L. Schuette, editor; Heather Kindseth, production designer; Patrick D. Dentinger,
    production designer; Gary Sundermeyer, photographer; Nancy White, photo stylist;
    translations.com, translation services; Eida del Risco, Spanish copy editor; Katy Kudela,
    bilingual editor; Mary Bode, book designer*

A+ Books thanks Michael Dahl for editorial assistance.

Note to Parents, Teachers, and Librarians
The Colores/Colors set uses full-color photographs and a nonfiction format to introduce children to the
world of color. *Amarillo/Yellow* is designed to be read aloud to a pre-reader or to be read independently
by an early reader. Photographs and activities help early readers and listeners understand the text and
concepts discussed. The book encourages further learning by including the following sections: Table of
Contents, Glossary, Internet Sites, and Index. Early readers may need assistance using these features.

Table of Contents

Tabla de contenidos

The Color Yellow/ El color amarillo

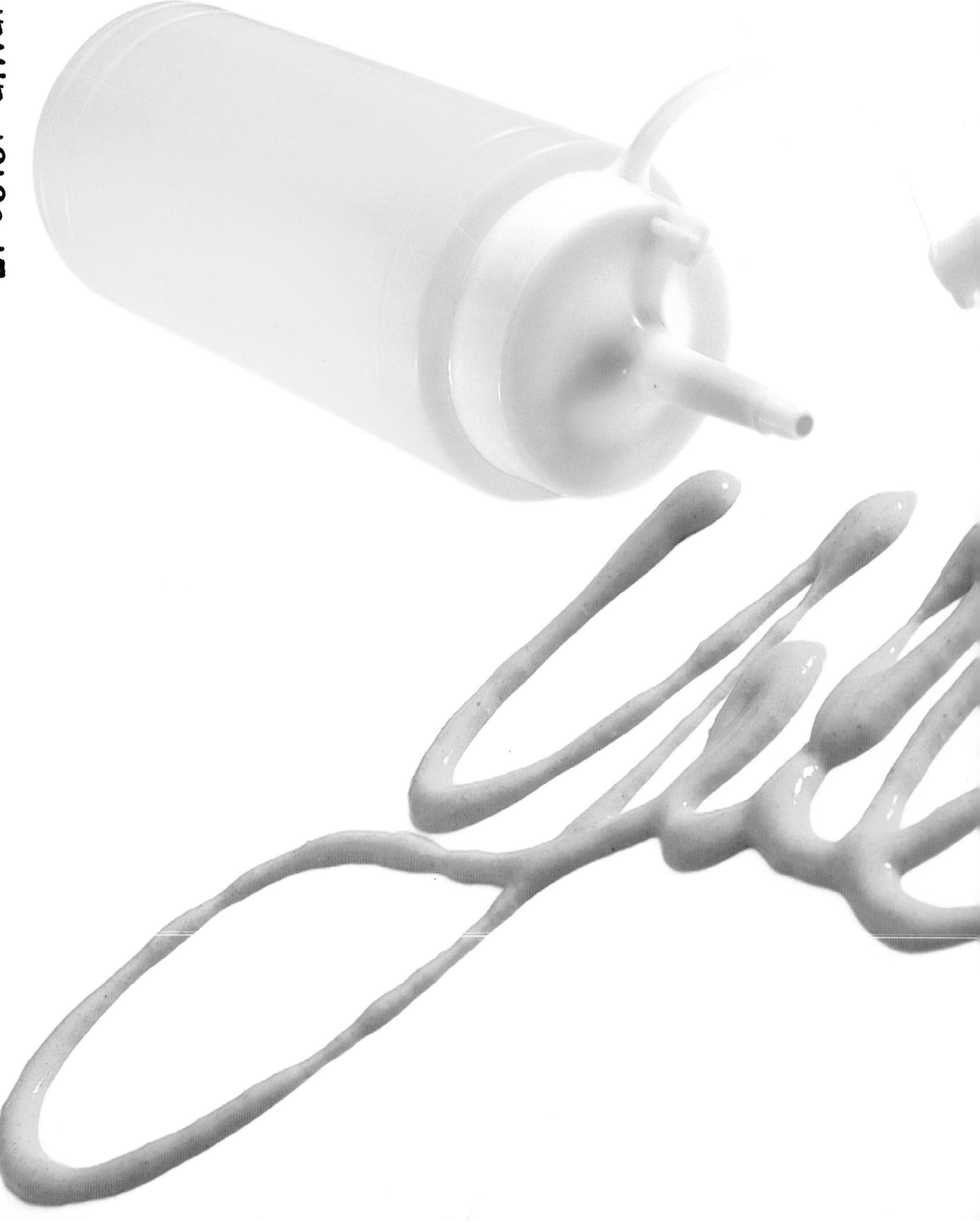

Yellow is spicy.
Yellow is hot.

El amarillo tiene sabor.
El amarillo es picante.

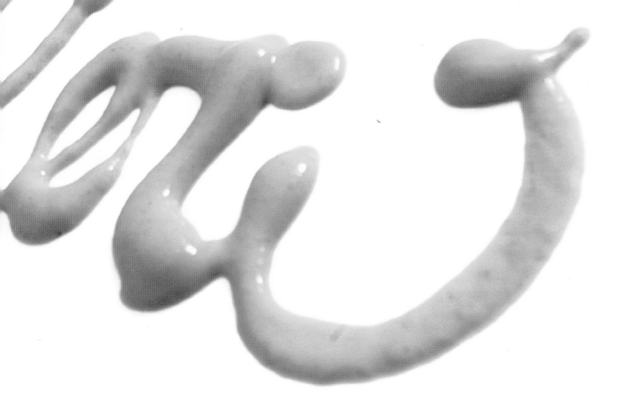

Sunflowers have yellow petals and green stems. The sunflower's stem bends to face the bright yellow sun.

Los girasoles tienen pétalos amarillos y tallos verdes. El tallo del girasol se dobla para darle la cara al brillante sol amarillo.

Yellow can flower
and bloom in a pot.

El amarillo florece y se
abre en una maceta.

Yellow can buzz.
Yellow can sting.

Bees live in hives and make honey. Yellow honey tastes sweet.

Las abejas viven en colmenas y hacen miel. La miel amarilla tiene un sabor dulce.

El amarillo puede zumbar. El amarillo puede picar.

Lemons are yellow
fruits with yellow juice.
Squeezing lemons makes
lemon juice. Adding sugar
and water to the juice
makes lemonade.

Los limones son frutas
amarillas que tienen jugo
amarillo. Al exprimir los
limones sale jugo. Al jugo
se le añade azúcar para
hacer limonada.

Yellow tastes cool in
the summer or spring.

El amarillo refresca en
la primavera y el verano.

Yellow sizzles.
Yellow fries.

El amarillo chisporrotea.
El amarillo se fríe.

Egg yolks are yellow. Female chickens called hens can lay one egg each day.

Las yemas de los huevos son amarillas. Las gallinas ponen un huevo diario.

Yellow peels off for
a tasty surprise.

El amarillo se pela y descubre una sorpresa deliciosa.

Ripe bananas have a strong, yellow peel. Bananas grow on trees in warm places.

Los plátanos maduros tienen una cáscara fuerte y amarilla. Los plátanos crecen en matas en lugares cálidos.

Yellow can spread on a thick slice of bread.

Milk comes from cows. It can be made into yellow butter.

La leche viene de las vacas. La leche puede convertirse en mantequilla amarilla.

El amarillo se puede untar en una rebanada de pan.

More Yellow/
Más amarillo

Yellow keeps raindrops from hitting your head.

A bright yellow rain hat helps people see you on a stormy day.

Un sombrero para lluvia amarillo brillante ayuda a que la gente te vea en un día de tormenta.

El amarillo evita que las gotas de lluvia te mojen la cabeza.

Hard hats are yellow.
They help people stay
safe from falling
objects at work.

Los cascos son amarillos.
Protegen a las personas
de objetos que pueden
caer en una obra de
construcción.

Yellow is safe.
Yellow is bright.

El amarillo es seguro.
El amarillo es brillante.

Most pencils are made out of wood. Many pencils are painted yellow.

La mayoría de los lápices están hechos de madera. Muchos lápices están pintados de amarillo.

Yellow can fit in our hand when we write.

El amarillo cabe en
la mano cuando escribes.

Yellow lies flat on the road when we drive.

El amarillo nos indica el camino cuando conducimos.

Bright yellow lines show cars where to drive on the highway.

Líneas de color amarillo brillante les muestran a los automóviles por dónde deben conducir en la autopista.

Yellow is warm.
Yellow is alive!

El amarillo es cálido.
¡El amarillo está vivo!

Mixing Yellow/Mezclas de amarillo

Artists use a color wheel to know how to mix colors. Yellow, red, and blue are primary colors. They mix together to make secondary colors. Purple, orange, and green are the secondary colors they make. You can use yellow to make orange and green.

color wheel/
círculo de colores

Los artistas utilizan un círculo de colores para saber cómo mezclarlos. Los colores primarios son azul, rojo y amarillo. Se mezclan entre sí para crear los colores secundarios. El morado, naranja y verde son los colores secundarios que se forman. Puedes usar el amarillo para hacer naranja y verde.

You will need

yellow, blue, and
red clay

Necesitarás

plastilina amarilla,
azul y roja

1 Take part of the yellow clay and mix it with the same amount of the blue clay. What color do you make?

1 Toma parte de la plastilina amarilla y mézclala con la misma cantidad de plastilina azul. ¿Qué color se forma?

2 Now mix yellow clay with red clay. What color do you make?

2 Ahora mezcla la plastilina amarilla con la roja. ¿Qué color se forma?

3 Use your new colors of clay to make fun designs and shapes.

3 Usa los nuevos colores para hacer figuras y formas divertidas.

29

Glossary

fruit—the fleshy, juicy part of a plant that people eat; lemons and bananas are yellow fruits.

hen—a female chicken; hens lay one egg almost every day.

hive—a place where bees build honeycombs to hold honey; many bees live together in one hive.

juice—the liquid that comes out of fruit, vegetables, or meat

petal—one of the colored outer parts of a flower

stem—the long main part of a plant; leaves and flowers grow from the stem; sunflowers have green stems.

sun—the large star that Earth and other planets move around; the sun gives Earth light and warmth; many plants need light from the sun to grow.

Internet Sites

FactHound offers a safe, fun way to find Internet sites related to this book. All of the sites on FactHound have been researched by our staff.

Here's how:

1. Visit *www.facthound.com*
2. Choose your grade level.
3. Type in this book ID 142960011X for age-appropriate sites. You may also browse subjects by clicking on letters, or by clicking on pictures and words.
4. Click on the Fetch It button.

FactHound will fetch the best sites for you!

Glosario

la colmena—lugar donde las abejas construyen su panal para guardar la miel; muchas abejas viven juntas en un panal.

la fruta—parte comestible, carnosa y jugosa de una planta; los limones y los plátanos son frutas amarillas.

la gallina—hembra del gallo; las gallinas ponen un huevo casi todos los días.

el jugo—líquido que sale de una fruta, vegetal o carne

los pétalos—partes externas de la flor que tienen color

el sol—estrella alrededor de la cual giran la Tierra y otros planetas; el sol le brinda a la Tierra luz y calor; las plantas necesitan la luz del sol para crecer.

el tallo—parte más larga de la planta; las hojas y las flores crecen del tallo; los girasoles tienen tallos verdes.

Sitios de Internet

FactHound te brinda una manera divertida y segura de encontrar sitios de Internet relacionados con este libro. Hemos investigado todos los sitios de FactHound. Es posible que algunos sitios no estén en español.

Se hace así:
1. Visita *www.facthound.com*
2. Elige tu grado escolar.
3. Introduce este código especial 142960011X para ver sitios apropiados a tu edad, o usa una palabra relacionada con este libro para hacer una búsqueda general.
4. Haz un clic en el botón Fetch It.

¡FactHound buscará los mejores sitios para ti!

Index

Índice